par M. le Marquant.
8186. *Reg.*
H.

DESCRIPTION
DU
CHÂTEAU
D'ANET.

Il voit les murs d'Anet bâtis au bord de l'Eure ;
L'amour en ordonna la superbe structure
Par ses adroites mains avec art enlassés,
Les chiffres de Diane y sont encor tracés.
Sur sa tombe, en passant, les plaisirs & les Graces
Répandirent les fleurs qui naissoient sur leurs traces.
Voltaire Henriade CHANT. IX.

A CHARTRES,
Chez la Veuve FR. LE TELLIER,
Imprimeur-Libraire.

M. DCC. LXXVII.

DESCRIPTION
DU
CHÂTEAU D'ANET.

SITUATION.

LE Château d'Anet est situé au milieu d'une agréable vallée, dans laquelle coule la Riviere d'Eure, & qui est formée, au midi, par un coteau de Vignes considérable que couronnent le Bois d'Anet & de Sorel : au nord regne une côte plus escarpée & plus aride, sur laquelle, cependant, l'encouragement qu'a reçu l'agriculture, a engagé les Propriétaires à semer quelques grains qui ne réussissent pas mal. A l'est est un joli Paysage, formé par le Village

& sur-tout par l'Eglise d'Oulins, qui sont placés au pié d'une côte, dont la prolongation, au nord, est couronnée par les Bois du Mesnil-Simon : ce coteau d'Oulins est séparé du territoire d'Anet par la petite Riviere de Vesgres, qui se décharge dans la Riviere d'Eure au village de la Chaussée. A l'ouest la perspective est la plus belle. La côte septentrionale est décorée par les Bois d'Yvry, de Rozeux & de Brasais, & celle du côté du midi par les Bois de Sorel & la continuation des Vignes d'Anet. A l'ouest il s'en éleve un autre en amphitéâtre, & à une distance convenable pour que l'œil la distingue & s'y repose agréablement. On y voit à mi-côte le Château de la Mesangere, & au-dessus les Bois de Bremien. Le milieu de ce tableau est rempli par les villages d'Ezy & de Sauffay, un moulin à Papier dans ce dernier village, par le pont de St. Jean, qui fait une communication entre la France & la Normandie, par l'annexe du Mouffel & le village de Croth, entre lefquels eſt une groſſe forge à fer, par le Château de Sorel conſtruit fur la pointe de l'angle que forme la montagne, dont un côté fe dirige de l'oueſt à l'eſt, & l'autre du nord au fud, & enfin par les villages de Sorel & de Marcilly. La Riviere d'Eure traverſée dans cette vallée par trois ponts, dont l'un eſt le pont des Cordeliers, entre Anet & Ezy, le fecond le pont de St. Jean près de Sauſſay, & le troiſiéme le pont de Sorel, tous trois bâtis par M. le Comte d'Eu, fépare ladite vallée & les objets ci-deſſus, & elle eſt elle-même diviſée par une grande quantité d'Iſles & d'Iſlots, qui produifent par-tout de belles prairies & de très-bons pâturages.

Avantages de la ſituation d'Anet.

La ſituation de cette vallée a un avantage confidérable, en ce que les orages y sont très-rares. Nous pensons que la raison en est, que les orages venant ordinairement du sud-ouest, rencontrent, avant d'arriver dans cette vallée, l'angle que forme la montagne à Sorel. Lorsqu'ils sont arrivés à ce point, l'attraction que les montagnes, & sur-tout celles couvertes de Bois exercent sur les nuages, en arrête une partie qui chemine le long de la forêt de Dreux, tandis que l'autre partie emportée par son impulsion primitive, franchit la vallée de Marcilly, & obéissant ensuite à l'attraction que la montagne garnie de la forêt de Rozeux exerce sur elle, longe cette forêt jusqu'à ce que les deux moitiés, en suivant toujours les montagnes, se réunissent au-dessus des Bois du Mesnil-Simon où le terrein est encore plus élevé, & de-là aillent ravager, comme il n'arrive que trop souvent, les terres de Dammartin, de Lognes & les vignes de Mantes.

Inconvéniens de la situation d'Anet.

Mais si la nature a gratifié Anet de cette prérogative, elle l'a affligé à son tour d'un désavantage que bien d'autres vallées n'ont pas, & qui consiste en ce que les vents de nord-ouest & d'ouest, qui dans les printems sont plus fréquens qu'aucuns autres, charrient beaucoup de molécules d'un froid humide, qui, arrêtées par le peu de largeur & de longueur de la vallée, & condensées encore par le mêlange des brouillards qui s'élevent de dessus la Riviere, déposent sur les étamines des plantes cette espéce d'empâtement que les cultivateurs appellent des vents roux & en empêchent la fécondation ; d'où il résulte qu'il est rare de voir rapporter du fruit aux pommiers cultivés en plein champ, & surtout aux poiriers, quoique l'abondance de leurs fleurs ait donné les espérances les plus flatteuses.

Salubrité de l'air.

Au reste, les brouillards qui font fréquens dans cette vallée comme dans toutes celles où il coule des rivieres, ne font point d'une qualité dangereuse pour la santé. La preuve en est que les vieillards y conservent leurs dents, & il y a plus de trente ans que l'on n'y a vu d'épidémies.

Distance de Paris.

Il résulte des mesures prises avec une exactitude d'autant plus scrupuleuse qu'elles sont parfaitement conformes à celles de Messieurs de l'Académie des Sciences, que le milieu du Vestibule du Château d'Anet est situé à 33821 toises de la méridienne septentrionale, & à 1475 toises de la perpendiculaire occidentale de l'Observatoire de Paris, dont il est distant en ligne droite de 33853 toises, c'est-à-dire 392 toises de moins que 15 lieues de 2283 toises chacune, qui sont celles de vingt-cinq au dégré.

Déclinaison du Méridien.

La face boréale du Château décline de 5°. 18′ à l'ouest.

Porte d'entrée.

On arrive à la porte d'entrée par un pont de pierres de taille garni de rampes de fer. Un fossé large & profond s'étend d'un côté jusqu'au mur du Jardin, & de l'autre jusqu'au Bâtiment du gouvernement. Ce pont, ainsi que celui qui fait face à l'allée d'Oulins, étoient autrefois de bois & à bascule. M. le Duc de Vandôme a fait construire le premier, & l'on est redevable du second aux soins de Madame la Princesse de Condé.

Deux colonnes d'ordre dorique s'élevent à droit & à gauche de la porte, & répondent à deux autres pareilles, séparées des premieres par une croisée qui donne sur les fossés. On voit à côté deux meurtrieres dont l'ouverture aboutit sur le milieu du pont, & qui attesteroient l'ancienneté du Château, quand on n'en auroit pas d'autre preuve. Une ouverture circulaire placée au milieu de la voûte plate qui est à l'entrée, étoit sans-doute destinée au même usage que les meurtrieres, & s'ouvroit au moyen d'un anneau de fer qui subsiste encore au milieu du couvercle de pierre qui fermoit cette ouverture.

Le dessous de l'entablement & l'entablement de ces colonnes sont chargés de croissans & de chiffres d'Henri II & de Diane sous cette forme ⚭ , qui est répétée partout tant extérieurement que dans l'intérieur des Appartemens. La cause en est suffisamment connue.

Chacun des battans de la porte d'entrée est orné d'une trophée de chasse formé par des arcs, des flèches & un cor-de-chasse, ou plutôt un cornet, tel que le portoient les veneurs de ce tems-là.

Bas-relief de la porte.

Sur cette même porte est un magnifique bas-relief en bronze, qui représente Diane nüe, d'une stature colossale, couchée sur des peaux d'animaux, & environnée de Lions, de Loups, de Renards, de Biches, de Sangliers. Sous son bras gauche sont deux urnes qui versent de l'eau, & son bras droit est passé autour du col d'un Cerf garni d'une guirlande de fleurs. Diane est elle-même coëffée de fleurs, & elle porte un croissant sur le front. Ce bas-relief est fixé à la muraille par des agraphes de bronze. Au-dessus & au-dessous sont différens ornemens de marbre encastrés dans la muraille, & qui ornent tout le frontispice.

Le Cerf.

Sur la partie supérieure de la porte on voit un Cerf de bronze de grandeur naturelle. Il a une jambe mobile avec laquelle il paroît sonner l'heure ; & comme les trois autres ne suffiroient pas pour soutenir son poids, une barre de fer double par en bas, & qui se réunit en remontant le soutient par le milieu du corps du côté droit. Cette branche de fer auparavant apparente a été depuis peu enfermée dans un tronc d'arbre sculpté, qui paroît servir d'appui à la figure.

Les Chiens.

Aux quatre angles du quarré dont le Cerf occupe le centre, on a placé quatre Chiens de bronze, & dont l'attitude est telle qu'on diroit qu'ils ont mis le Cerf aux abois. A chaque demie heure, & dans la sonnerie qui précéde les heures, on croiroit qu'ils aboyent parce que leur machoire inférieure est mobile ; mais le bruit que l'on entend est celui d'une cloche placée entre les quatre jambes de chaque Chien, & dont le battant en s'élevant tire un fil d'aréchal qui

DU CHASTEAU D'ANET. 11

correspond à la machoire inférieure & la fait ouvrir, & fermer en s'abaissant. Le Cerf leve la jambe pour sonner les heures au moyen de la même méchanique.

La cloche qui est sous lui porte cette inscription.

Diane Pictovis. Valent. Ducis. jussu conflatum 10 Mart. 1554.

Cette inscription fixe le tems de la construction de l'horloge qui correspond à deux cadrans ; l'un du côté du Village, qui n'a rien que de très-ordinaire ; l'autre du côté de la cour du Château qui mérite une description.

Description du cadran.

Des quatre circonférences concentriques qui le composent, la plus grande est fixe & les trois autres sont mobiles.

La circonférence fixe est divisée en vingt-quatre parties, ou deux fois douze heures. L'heure de midi est en haut, & minuit en bas ; &

par conséquent les heures marquées au-dessus de la ligne horisontale qui passe par le centre, donnent depuis six heures du matin jusqu'à six heures du soir, & celles au-dessous les douze autres heures. Elles sont indiquées par une fleur de lys attachée au bord du lymbe de la premiere circonférence mobile.

Sur le bord de cette premiere circonférence mobile sont gravés les douze mois de l'année, avec leurs noms, les jours & la figure du signe du zodiaque qui y correspond.

La seconde circonférence mobile est armée d'un index double. Un de ses extrêmités marque sur le cercle ci-dessus le quantiéme du mois, l'autre le signe du zodiaque. Outre cela ce cercle porte deux figures spirales, l'une blanche & l'autre noire, qui servent à l'usage qui va être expliqué ; enfin sur l'extrêmité de son lymbe sont marqués les jours qu'employe l'aftre de la Nuit à completer une lunaifon moyenne.

Le troifiéme cercle mobile eft conftruit de maniere, que par une ouverture ronde qu'il porte, & qui coincide avec chacune des figures fpirales du cercle précédent, à proportion de l'âge de la Lune, il la découvre abfolument noire dans les néoménies, blanche dans les oppofitions, & fe proportionne aux autres phafes, pendant qu'un bouton placé à l'extrêmité de fon diamètre, indique fur le fecond cercle mobile le quatriéme correfpondant. On y a auffi gravé les afpects trine, quadrat, fextile, fuivant l'efprit de ces tems-là que les folides lumieres de l'Aftronomie n'avoient pas encore guéri de l'aveuglement & des erreurs de l'Aftrologie judiciaire.

Terraffes fupérieures.

Vis-à-vis de ce cadran eft une

petite Terrasse, qui fait le dessus de la voûte d'entrée du Château ; & un peu plus bas on en voit une seconde, qui couvre à droit & à gauche les Bâtimens de la Conciergerie. Ces Terrasses sont garnies d'une ballustrade de pierre sculptée à jour dans la plus grande partie, où sont représentés des entrelas des différentes espéces, dont quelques-uns sont ornés de croissans. On y monte par un petit Escalier de pierre à droite de la porte d'entrée. La partie qui va des Bâtimens de la Conciergerie joindre le corps du Château, est garnie du côté de la cour d'une ballustrade de fer, & soutenue sur des consoles de pierre. Cette Terrasse unit ensemble les deux ailes du Château qui n'ont pas d'autre communication de ce côté-là.

Après avoir observé les trois arcades correspondantes qui soutiennent la voûte d'entrée, & la sculpture de ladite voûte qui représente

fente des lofanges curvilignes, on entre dans la principale cour.

Cour principale.

La premiere chofe que l'on y obferve font quatre colonnes doriques, aux deux côtés des Bâtimens de la Conciergerie. Le chapiteau & l'entablement font décorés alternativement de triglyphes, de rofaces, & de maffacres de Cerfs dépourvus de leurs têtes.

Fontaines perpétuelles.

Deux Fontaines d'une eau très-claire, & qui pefée à l'aréometre s'eft trouvée plus légère d'un dégré que l'eau de la Seine, placées à droite & à gauche des Bâtimens de la Conciergerie, coulent fans ceffe dans les différens endroits du Château où elles font utiles, foit pour la néceffité, foit pour l'agrément.

La Cour du Château eft formée à l'eft par les arcades du periftyle de la Chapelle, au nord par la colonnade de la face principale,

B

à l'ouest par la façade du grand Escalier, & au nord par les Bâtimens dont nous venons de rendre compte.

Peristyle de la Chapelle.

Onze arcades de face sur trois de profondeur, soutiennent, dans la partie orientale de la cour, les Bâtimens adjacens à la Chapelle qui occupe le milieu. Son Parvis est composé de douze colonnes d'ordre toscan, qui soutiennent un plat-fonds divisé en trois parties où sont peintes les Vertus théologales, la Foi au milieu, l'Espérance à la droite, & la Charité à la gauche du spectateur. Aux quatre coins de ces peintures religieuses contrastent assez mal-à-propos les croissans de Diane.

Architecture du corps du Château.

Vingt-quatre colonnes d'ordre dorique forment la Galerie de la principale entrée des Appartemens du Château. Au-dessus de la principale porte sont deux ordres d'Architecture ionique au premier étage, & corinthien au second. Entre les deux colonnes d'ordre ionique du premier étage sont deux niches sans figures, & entre les deux colonnes corinthiennes du second étage sont quatre bas-reliefs représentans, à droite Mars & Minerve, & à gauche Jupiter & Junon. Ce frontispice est couronné par une arcade sur le milieu de laquelle sont les écussons de Diane de Poitiers & de Louis de Brezé son mari, & aux deux côtés le chiffre de Diane & d'Henri II.

Anecdote sur Louis de Brezé.

J'ai oui dire à M. Dubellay, ancien Evêque de Fréjus, qui le tenoit de Madame la Marquise de Valbelle sa tante, que la Statue de Louis de Brezé étoit autrefois placée au milieu de cette arcade.

M. le Duc de Vandôme laissa, dit-on, entrevoir que cette figure lui déplaisoit, ce qui suffit à ses Pages pour la précipiter sur le pavé où elle se brisa. Il subsiste encore dans le Jardin de la Conciergerie un fragment de tête d'homme, si c'est le reste de celle de Louis de Brezé, les Seigneurs successeurs de M. de Vandôme n'y ont perdu que le marbre.

La noblesse & l'exactitude de la symétrie de cette façade se joignent à l'Architecture pour l'annoncer comme la principale.

Inscriptions.

Au-dessus de la porte croisée du rez-de-chaussée, on lit cette inscription, gravée en lettres d'or sur une bande de marbre de Languedoc.

Splendida mereris magni palatia cœli ;
Non hæc humanâ saxa polita manù.

Et au-dessus de l'arcade qui termine par le haut le frontispice, on lit cette autre inscription gravée en lettres d'or fur une bande de marbre noir.

Bræzæo hæc ftatuit pergrata Diana marito:
Ut duiturna fui fint monumenta viri.

Au-deſſus du premier étage, la Galerie eſt découverte & garnie d'une baluſtrade alternativement pleine & à jour. La ſculpture repréſente le chiffre d'Henri & de Diane, formé par des croiſſans, le tout traverſé de fléches.

Façade du grand Eſcalier.

La façade du Bâtiment qui fait face à la Chapelle eſt conſtruite à deux époques différentes. La premiere partie, qui eſt de Diane de Poitiers, comprend les 1re, 2e, 5e, 6e & 7e croiſée en commençant à compter depuis la façade principale du Château. Les 3e & 4e ſont d'un ton d'Architecture beaucoup plus moderne ainſi que la ſculpture des huit pilaſtres d'ordre ionique & du trophée qui occupe le milieu. Ce genre de ſculpture qui remonte

tout au plus à la fin du dernier
siécle, joint à la tradition, nous
engagent à mettre cette partie
de Bâtiment sur le compte de M.
le Duc de Vandôme, qui comme
on le verra dans la suite a fait
beaucoup d'autres embellissemens
& d'augmentations au Château
d'Anet. D'ailleurs on voit que cette
partie fait avant-corps, & que les
pierres ne sont ni liées avec celles
de la partie de muraille à laquelle
ils touchent, ni même correspondantes par leurs joints.

Avant de quitter la cour du
Château, il reste encore deux
observations à faire.

Bâtimens faits par M. de Vandôme.

La premiere, que les combles
du corps de logis principal, &
ceux de l'aile gauche, n'excédoient
pas autrefois la hauteur du comble
de l'aile de la Chapelle. C'est
M. le Duc de Vandôme qui les
a fait exhausser comme ils le sont

aujourd'hui, pour se procurer les Appartemens du second étage. Cette augmentation est visible en examinant la cheminée de l'Appartement n. 2, on y voit au-dessus du chapeau qui la terminoit anciennement, seize rangs de pierres de taille qui y ont été ajoûtés. Toutes les autres cheminées ont éprouvé une pareille augmentation. La seconde observation regarde les précautions que l'on a prises pour l'écoulement des eaux.

Voûtes souterraines.

Deux Voûtes souterraines, & construites en pierres de taille, ont été creusées sous la cour parallélement aux deux ailes du Château. Elles communiquent par un retour à angles droits à une seule qui a son ouverture dans les fossés du Château près la porte principale. C'est dans ces Voûtes que se déchargent cinq gargouilles qui reçoivent les eaux que charient les ruisseaux de la cour, auxquels les envoyent trente-deux masques & quatorze goutieres de pierres sculptées qui garnissent les combles dans l'intérieur de la cour.

Tourelles.

Enfin, pour ne rien omettre de ce qui peut être observé dans cette partie, on remarquera quatre Tourelles élevées aux quatre angles des deux ailes collatérales. Les deux à droites sont visibles en entier dans le Jardin de la Conciergerie ; les deux autres, qui donnent dans le passage de la cour aux Bâtimens du gouvernement, seroient pareillement visibles, si la seconde n'étoit pas engagée dans le Pavillon que M. le Duc de Vandôme fit construire avec & paralléle à celui du gouvernement, dont il n'y avoit avant lui d'existant que la partie qui donne sur le fossé. Ces Tourelles, qui sont à trois étages, sont couvertes par une calotte de pierres de taille sculptées & surmontées d'un

DU CHASTEAU D'ANET. 23

d'un croissant, & leurs bases finissent en culs de lampe. On les regarde avec raison comme un très-beau morceau d'architecture.

Chapelle à l'extérieur.

La porte d'entrée de la Chapelle & le seuil sont chargés de croissans & de chiffres de Diane & d'Henri II, sculptés en bois & relevés en or sur la porte; ceux du seuil sont en marbre noir. Aux deux côtés sont deux petites portes, par lesquelles on monte deux Escaliers de pierres en limaçon, qui conduisent à deux Pyramides quadrangulaires qui sont aux deux côtés de la rotonde de la Chapelle. Cette rotonde, ainsi que les deux Pyramides sont de pierres de taille. Le milieu est orné d'une Lanterne formée par des colonnes d'ordre corinthien, & le centre en est surmonté par une très-belle croix. Au-dessus de la principale porte on lit cette inscription.

Pavete ad sanctuarium.
ce audessus de la porte de la tribune
Adorate Dominum in atrio sancto ejus.

DESCRIPTION

Chapelle dans l'intérieur.

L'intérieur de la Chapelle est un cercle d'environ trente-sept piés de diamètre. Quatre avant-corps formés par autant d'arcades représentent une croix. Il en résulte quatre enfoncemens, dont l'un est celui de la principale entrée & de la Tribune qui est au-dessus. Celui qui est vis-à-vis est rempli par le principal Autel, & les deux autres servent à deux Autels collatéraux.

Des quatre avant-corps, les deux en entrant font les cages des deux Escaliers qui montent aux Pyramides, les deux autres font l'un à droite une Tribune, & l'autre à gauche une Sacristie. Tous deux sont boisés & ornés des tableaux des douze Apôtres représentés en cuivre émaillé.

Une magnifique marqueterie de marbre, plaqué de différentes couleurs, & simétrisé avec beaucoup de goût, forme, au milieu de l'espace que les avant-corps laissent vuides, une rose de neuf piés de diamètre; la derniere circonférence est un poligone de dix-huit côtés. Il part de chacun des angles une spirale allant de gauche à droite, & une autre allant de droite à gauche; & il résulte de l'intersection de ces figures 216 losanges curvilignes, exécutés en marbre noir & blanc, avec une justesse & une précision, qui est encore surpassée par la décoration de la rotonde. La même figure que l'on a tracée sur le pavé y est répétée, avec cette différence que les losanges sont creux, & servent chacune de niche à un Cherubin sculpté, ainsi que les côtés des losanges.

Aux trois faces de chacun des avant-corps, sont trois niches qui renferment chacune une Statue de l'un des douze Apôtres, de grandeur naturelle.

Huit Anges en bas-relief placés aux côtés des arcades portent les instrumens de la Passion, & le dessous de la naissance de la rotonde est garni par huit renommées, dont quatre portent des trompettes & les quatre autres des branches d'olivier.

Les portes de la Tribune & de la Sacristie, les clés des voûtes, la balustrade de la Tribune, & même les deux Autels collatéraux, sont chargés de chiffres de Diane & d'Henri. Et de croissans surmontés de la couronne fermée.

Inscriptions.

Au-dessus des Pilastres on lit cette inscription.

Sic vivam inquit Dominus, ut mihi se flecta omnisque Lingua Deum celebrabit. Itaque nostrum quisque causam prose dicet apud Deum. Cor. 13.

Au-dessus du cordon qui fait la naissance de la rotonde est cette autre inscription.

Quisquis Jesum Dei esse Filium confessus fuerit, & in eo Deus, ipse in Deo manet. S. Jean ch. 4.

Enfin au-dessous de la Lanterne on lit.

Timor Domini corona sapientis.

Le vitrage de la Chapelle est composé d'un verre travaillé de maniere que par le mélange des ombres plus ou moins foncées, il en résulte une espéce de gravure sans couleurs, qui laisse passer la lumiere mais non pas l'image des objets extérieurs.

La croisée du principal Autel représente le Sermon de Jesus-Christ dans le désert, & au-dessous on lit.

LUC XI.

Domine doce nos orare. Cum oratis dicite Pater noster.

Hélas-Seigneur qui povés commander
A subvenir seul à notre ignorance
Enseignez-nous ce qu'il faut demander
Quant nous prions la Divine puissance.

Celle au-dessus de l'Autel à droite représente Abraham rendant à Agar son fils, & on lit au-dessous.

JACOB V.

Multùm valet deprecatio justi assidua.

Perseverant en devote Oraison,
O Seigneur Dieu je veulx ravir & prendre;
De vos bontés plus qu'humaine raison
Ne peult juger esperer ny comprendre.

Et la croisée au-dessus de l'Autel à gauche représente la Bataille que les Israëlites gagnerent dans le désert contre les Amalécites sous la conduite & par les Prieres de Moyse. On voit ce Législateur du Peuple de Dieu sur la montagne, à genoux, levant au Ciel pour implorer sa faveur sur l'Armée d'Israël, ses mains que soutiennent Josué & Aaron, & au bas on lit.

EXODE XI.

Cum levaret Moyses manus vincebat Israël.

Tendons les mains à ce grand Roi de gloire
Et le prions sans intermission;
Car c'est lui seul qui depart la Victoire
Aux Combattans ou la destruction.

Vestibule.

Le Vestibule est un quarré long d'environ trente-six piés sur vingt-cinq de large. Il est éclairé par huit croisées & deux portes croisées. De ces dix jours cinq sont tournés au nord & cinq au midi, dont cependant ils déclinent comme nous l'avons dit de cinq dégrés 18′. Les portes croisées occupent le milieu, & deux croisées sont de chaque côté, l'une au rez-de-chaussée, l'autre au premier étage. Les murailles sont revêtues de marbre de Languedoc encadré de verd campan, & les embrasures des portes & croisées sont ornées d'une découpure de marbre de Languedoc & de marbre blanc. Cette décoration qui ne va qu'à la hauteur de seize piés, est d'ordre dorique, entre les triglyphes duquel sont des ornemens relatifs à la guerre comme casques, boucliers, massues, épées &c. Au-dessus de l'entablement, de chaque côté, sont les armes de France qui ont pour supports deux magnifiques trophées, aux deux côtés desquels sont deux Autels à trois piés sur lesquels brûle le feu de la guerre. Deux Génies qui sont au pié de chaque Autel considèrent ce feu avec des affections différentes, & exprimées par les palmes & les couronnes de laurier dont les uns font armés, tandis que les autres portent des branches d'olivier. L'intervalle entre les croifées eft pareillement garni d'attributs militaires, le tout en bas-relief & doré. L'enfoncement du côté droit eft décoré alternativement de foudres & de cinq couronnes. L'une de laurier au milieu; & à fes deux côtés font, la fortification civile exprimée par une couronne de tours crénelées, & la force maritime exprimée par une couronne de vaiffeaux. Les deux autres font une couronne de chêne & une d'olivier. Au-deffus deux foleils également fculptés & dorés font vis-à-vis l'un de l'autre, & le tout eft couronné par une belle corniche fculptée & dorée, d'où partent quatre fegmens de voûte qui fe réuniffent au centre.

A droite & à gauche font quatre portes dont les plus voifines de la porte d'entrée font fauffes, & les deux autres servent d'entrée aux Appartemens. Entre ces portes sont deux grandes cheminées, vis-à-vis l'une de l'autre, de marbre, & surmontées d'un tombeau de même matiere.

Avant d'entamer la description des Appartemens, nous pensons devoir prévenir.

1°. Qu'il y a au Château d'Anet vingt-deux Appartemens de maître, savoir quatre au rez-de-chaussée, dix au premier étage, & huit au second.

2°. Que nous ne décrirons, dans chacun de ces Appartemens, que ce qui peut fixer la curiosité. Que nous omettrons les détails inutiles & minutieux, & que nous ne parlerons point des meubles, parce que, quoique S. A. S. Monseigneur le Duc de Penthiévre, dont le goût est encore fort au-dessus de sa magnificence, ait décoré la plûpart de ces Appartemens d'une maniere aussi somptueuse qu'élégante, cependant les meubles étant une chose variable, ils sont plutôt l'objet d'un inventaire que d'un ouvrage du genre de celui-ci.

Appartement N°. 1.

Salle du Billard.

La décoration est dans le goût arabesque sculptée & dorée. Les chambranles des deux portes sont en marbre. Le plat-fonds doré en partie représente les quatre élémens.

Au-dessous du Feu, la Poësie héroïque avec cette inscription.

Non nisi grandia canto.

Au-dessous de l'Air, la Poësie lyrique avec ces mots.

Brevi complectitur singula cantu.

Au-dessous de la Terre, la Satyre & ces paroles.

Ridens cuspide figo.

Et au-dessous de l'Eau, la Poësie pastorale avec cette legende.

Pastorum carmina canto.

Salon des Muses.

Les chambranles des portes en marbre. Le Salon boisé est composé entr'autres de douze paneaux, qui, ainsi que les entre-deux, le plat-fonds, les portes & croisées, sont décorés d'ornemens dans le goût arabesque & dorés. Quand on ignoreroit que c'est M. le Duc de Vandôme qui a fait faire généralement toutes les dorures du rez-de-chaussée, on le remarqueroit aux écussons de ses armes que portent quatre Figures du plat-fonds. Les deux Figures grotesques de chacune des quatre angles, soutiennent un médaillon qui représente l'un des quatre élémens. Entre les deux croisées est Apollon, & sur la cheminée Minerve. Au-dessous dans un médaillon circulaire orné d'une guirlande de fleurs est un Génie qui fait un sacrifice. Sur les autres panneaux sont, à droite en entrant la Muse de l'Histoire. A gauche, dans les quatre panneaux qui font face à la cheminée, les Muses de l'Eloquence, de la Tragédie, de la Poësie lyrique, & de la Poësie héroïque. A droite de la cheminée, la Comédie & la Musique. A gauche un autre panneau représentant encore la Musique. Entre la porte & la croisée la Muse de l'Astronomie; & dans le second panneau la Peinture.

Salon doré.

Les Peintures & Sculptures qui décorent cette magnifique piéce nous paroissent être de trois dates.

1°. On y remarque douze Pilastres chargés des mêmes attributs que ceux de la porte d'entrée du Château, ainsi que des croissans & les chiffres de Diane & d'Henri II, ce qui fait présumer qu'ils sont de son tems. Il est vrai que, comme M. le Duc de Vandôme a fait refaire à neuf toutes les dorures des Appartemens du rez-de-chauffée, il y a lieu de croire que celles de ces pilastres a été raffraichie en même-tems. On est d'autant plus porté à le croire, que dans aucuns des morceaux de décoration, soit en peinture soit en sculpture, qui ont été faits par les ordres de M. de Vandôme, on ne voit les chiffres de Diane & d'Henri II, ni rien qui y ait rapport.

2°. La boiserie dont les murailles sont revêtues, a été faite, ainsi que les dorures & peintures dont elle est couverte, par les ordres de M. le Duc de Vandôme. Il en est de même des portes simples & doubles, des croisées, des volets, & des embrasures. La description en exigeroit un détail beaucoup trop long; on se contentera de dire qu'elles sont toutes dans le genre grotesque, & que le pinceau le plus léger, & le meilleur choix des couleurs, a par-tout secondé le goût le plus délicat & le plus varié, & qu'il s'en faudroit de beaucoup que l'imagination du Lecteur pût être aussi satisfaite par le tableau que nous en ferions, que le sera toujours l'œil de l'observateur. On y remarque trois grands tableaux, deux de forme ovalle, & le troisiéme quarré long. Le premier en face de la cheminée représente M. le Duc du Maine; le second, à gauche de la porte d'entrée, Madame la Duchesse du Maine; & le troisiéme Mademoiselle du Maine. Les cadres des deux premiers renfermoient d'autres sujets du tems de M. de Vandôme; car c'est de son tems qu'ils ont été faits. On en juge par le chiffre de ce Prince qui est sur la housse des sphynx qui leur servent de supports. A l'égard du troisiéme, qui représente Mademoiselle du Maine, on a détruit, pour le placer, l'ancienne boiserie, & par conséquent les peintures qui la couvroient; car à l'exception du lambri d'appui qui a été conservé, la boiserie autour de ce Portrait n'est simplement que dorée sans aucune peinture.

3°. Le plat-fonds qui étoit, en très-mauvais état lorsque Madame la Duchesse du Maine prit possession du Château d'Anet, a été démoli & réparé par ses ordres, sur les desseins & sous l'inspection de M. Audran, le même qui avoit déjà peint par ordre de M. de Vandôme tous les Appartemens du rez-de-chaussée. Les sujets qui y sont représentés sont quatre chasses, l'une du Cerf, l'autre du Loup, la troisiéme & la quatriéme sont des chasses au vol. Les Veneurs sont des Nymphes & des Amours. Au bas des principaux sujets, sont des médaillons qui contiennent des trophées d'animaux & d'instrumens de chasse. Et aux quatre angles est le chiffre de M. le Duc du Maine.

Les chambranles des six portes de ce Salon, dont il y en a trois de fausses, sont de marbre, ainsi que la cheminée & le cadre de la glace qui est au-dessus. Ce goût de décoration, les attiques en tombeaux qui sont au-dessus des portes, & les Enfans placés sur ces tombeaux, remontent très-vraisemblablement à la fondatrice.

Au reste, il paroît que les Seigneurs d'Anet se sont plu à l'envi l'un de l'autre à embellir cette piéce, où tout est couvert d'or, & S. A. S. Monseigneur le Duc de Penthiévre vient d'y mettre la derniere main par l'addition des meubles les plus riches & les plus élégans.

Salon des Glaces.

Ce Salon, éclairé par quatre portes croisées, qui toutes donnent sur la terrasse, qui regne le long & au-dessus des parterres, est décoré par treize glaces encadrées de marbre de Languedoc. Les deux portes, dont il y en a une de fausse, ont pareillement des chambranles de marbre, & au-dessus de l'attique qui

qui les couronne sont sculptés en bas-reliefs des attributs de Musique, de Géographie & de Fortification. Tout est aussi or & marbre dans cette piéce. Les volets sont remplis des peintures les plus ingénieuses, mais dont le détail seroit trop long. D'ailleurs la magnificence du plat-fonds fixe bien-tôt l'attention du spectateur. Ce plat-fonds offre sur un fonds d'or les sujets du meilleur choix & les mieux exécutés. On voit aux quatre angles les quatre saisons, accompagnées des animaux qui y ont le plus de rapport, les instrumens des travaux de la campagne ou des amusemens des villes, & la représentation des actions des hommes relatives à chaque saison. Ce dernier ornement est au pié de chaque sujet principal en bleu d'outre-mer. Et enfin, chaque saison porte en caractères astronomiques les trois signes du zodiaque qui y ont rapport.

Dans les intervalles que ces

quatre tableaux laissent entr'eux, sont représentés les quatre élémens avec leurs attributs, les animaux, les oiseaux & les poissons, qui appartiennent à chacun d'eux.

Au centre du plat-fonds, le Soleil sur son char, attelé de quatre chevaux, parcourt les douze signes du zodiaque qui sont représentés sur la circonférence de l'ellipse annuelle.

Sur les deux poutres sont représentés Mars, Hercule, Mercure & Venus. Mars avec les attributs de la guerre; Mercure caractérisé par les balances du commerce; Hercule par les attributs du labourage, représentés par deux faulx en sautoir; ce tableau est terminé par un Serpent roulé en cercle, pour exprimer le cercle du travail annuel de l'agriculture; & enfin Venus, menant par la main son fils Cupidon, & accompagnée d'oiseaux aussi féconds que disposés à l'amour. Ces quatre emblêmes, placés autour de la course du Soleil, nous

DU CHASTEAU D'ANET. 41
paroiſſent une très-belle image de la rapidité avec laquelle coulent les années, pour l'heureux citoyen, qui, en ſûreté au-dehors par la bravoure de Mars, alimenté dans l'intérieur du Royaume par les travaux du robuſte Laboureur, enrichi par l'induſtrie du Négociant, trouve le complément de ſon bonheur dans les bras de la tendre Venus.

Chambre à coucher.

M. le Duc de Vandôme, que M. le Dauphin fils de Louis XIV honoroit d'une amitié particulière, avoit conſacré cette chambre à ce Prince. Son portrait eſt ſur la cheminée, & ſes armes ſont à deux endroits du plat-fonds. Le lambris d'appui, les portes & les volets, ſont décorés de peintures ainſi que le plat-fonds, au centre duquel eſt une roſe faite avec des aîles de chauve-ſouris. Deux Génies ſoutiennent deux de ces animaux les ailes déployées. Aux quatre angles sont, d'abord la Nuit qui commence à déployer son voile ; à sa droite est l'Amour qui semble l'appeller. Au second angle qui représente le milieu de la nuit, Diane est éveillée par le Génie de la chasse & par les caresses de son Levrier. Au troisiéme angle, Morphée profondement endormi, répand ses pavots avec profusion ; mais un Génie, qui porte l'étoile du matin, se hâte d'aller au-devant de l'aurore qui répand autour d'elle le parfum des roses.

Cabinet.

Ce Cabinet, boisé en partie, est décoré de peinture camaïeu bleu & or analogues aux différentes Sciences & aux Beaux-Arts.

APPARTEMENT N°. 2.

L'entrée sous le grand Escalier, la vûe sur la Terrasse.

APPARTEMENT N°. 3.

L'anti-chambre donnant dans le vestibule. Cette piéce est embellie de sculptures & de dorures, ainsi que la chambre à coucher qui est boisée. Le tableau de dessus la cheminée représente, dit-on, Frédegonde à sa toilette.

Appartement N°. 4.

Cet Appartement est le rez-de-chauffée de l'ancien Château de Charles le mauvais Roi de Navarre.

Entre cet Appartement & le précédent sont deux très-grandes piéces, dont l'une est une Salle à manger, & l'autre une piéce pour dresser le service. Sur la cheminée de la Salle à manger on lit ce vers du quatriéme Livre des Georgiques de Virgile.

... *Dapibus mensas oneramus inemptis.*

Grand Escalier.

C'est M. le Duc de Vandôme qui a fait construire cet Escalier tel qu'il est, & à la place duquel il y avoit autrefois un petit Escalier dans la même forme, & un pallier pour aller à l'Appartement n. 6; l'un & l'autre larges d'environ quatre piés, & soutenus par des consoles de pierres. C'est le sieur Desgaux, Inspecteur des Bâtimens du Roi, qui a donné les desseins du nouvel Escalier, & un maçon d'Anet qui l'a exécuté & qui a fait gougeonner toutes les pierres du pallier pour en assurer la hardiesse, qui fait l'objet de l'admiration des connoisseurs. On voit dans plusieurs endroits de la rampe de fer de cet Escalier le chiffre de M. le Duc de Vandôme ainsi figuré, ce qui vient à l'appuie du rapport de vieillards encore existans qui l'ont vu construire.

Il est évident que l'architecture qui décore cet Escalier, & qui est composée de pilastres d'ordre corinthien, n'est point du tems de Diane de Poitiers. En la comparant avec l'architecture du frontispice il est aisé d'en saisir la différence. Nous sommes portés à croire qu'elle est du même-tems que celle de l'avant-corps qui fait face à la galerie de la Chapelle, & dont nous avons déjà parlé comme étant de M. de Vandôme.

Le dessus de cet Escalier est décoré de bustes de marbre blanc.

Avant M. le Duc de Vandôme, tous les vitrages des Appartemens du rez-de-chaussée étoient semblables à ceux de la Chapelle; c'est lui qui les a fait mettre en verre ordinaire. C'est aussi lui qui a fait carreler en marbre noir & blanc la cage de l'Escalier, & les autres Appartemens du rez-de-chaussée, qui avant ne l'étoient qu'en carreaux de pierres.

APPARTEMENT N°. 5.

Le Pavillon qui renferme cet Appartement, ainsi que celui du n°. 2. au-dessous, n'est point de Diane de Poitiers. Les joints des pierres ne sont point coincidens du côté du Jardin du gouvernement; & du côté de la Terrasse le cordon qui termine le haut, est plus bas que celui qui termine le premier étage du corps du Château. C'est encore M. le Duc de Vandôme qui la fait conſtruire, ainſi que le Pavillon du gouvernement. L'entrée de cet Appartement eſt à gauche du grand Eſcalier; & la vûe donne ſur la terraſſe & le baſſin de Diane.

Appartement N°. 6.

Une magnifique Sale de ſoixante piés de long, ſur trente de large, éclairée à l'oueſt par ſix croiſées donnant ſur la terraſſe, & à l'eſt par deux croiſées ouvrant ſur la cour principale, forme la premiere piéce de cet Appartement. Au-deſſus d'une vaſte cheminée de marbre eſt le Portrait de M. le Duc de Vandôme, ſur le cheval de bataille qu'il montoit à la journée de Villaviciofa, & qui n'étoit autre qu'un très-beau cheval qu'il avoit fait détacher d'une charrette à Anet. En entrant à droite eſt un tableau de vingt piés de large ſur neuf de hauteur repréſentant le Siége de Barcelone. Après lui dans

un

un autre tableau de neuf piés de large est le Siége de Brihuega. Entre les deux croisées qui donnent sur la cour, est un tableau de vingt-un piés de large qui représente la Bataille de Cassano, que M. le Duc de Vandôme gagna le 16 août 1705 malgré l'habileté du Prince Eugene, & la trahison du Général Colmenero. Et enfin depuis la derniere croisée jusqu'au retour de la muraille, est représentée dans un tableau de dix piés de large la fameuse journée de Villaviciosa du 10 décembre 1710. Cette Bataille fut décisive & procura à Philippe V le trône d'Espagne.

 Le plat-fonds de cette Sale est un parquet à compartimens, décoré de sculptures & de dorures. Dans l'un brillent les armes de Diane de Poitiers, dans d'autres des emblêmes qui ont rapport à la faveur dont elle jouissoit. Ici une fléche qui traverse deux branches d'olivier entrelaſſés avec cette inſcription.

Sola vivit in illa.

Là une Lune en croiſſant avec cette deviſe :

Donec totum impleat orbem.

Sur les poutres un javelot avec cette legende :

Conſequitur quotcunque petit.

Il regne à Anet une ancienne erreur populaire, qui conſiſte à croire que les dorures du plat-fonds du premier étage, telles qu'on le voit aujourd'hui, ſont du tems de Diane de Poitiers. Il eſt ſûr que les emblêmes qui ont rapport à Elle, les écuſſons de ſes armes, & celles de ſa famille ſont de ſon tems ; mais les dorures ſont à coup ſûr du tems de Céſar de Vandôme, dont les armes y ſont écartelées avec celles de Françoiſe de Mercœur ſon épouſe ; ſauf cependant une correction à faire à la bande qui devroit être chargée de trois Lions, ainsi que les portoient les Ducs de Vandôme ancêtres paternels d'Henri IV, qui donna ces armes à César de Vandôme son fils. Or certainement Diane de Poitiers n'a pas deviné que César de Vandôme épouseroit Mlle de Mercœur. D'ailleurs la dorure de cet écusson, tant dans cette Sale que dans les autres Sales du même Appartement où il est pareillement écartelé, est par-tout du même ton de dorure que le reste, ce qui prouve que le tout est de la même date.

Trois grandes & belles chambres, dont la premiere en sortant de celle dont nous venons de parler sert d'anti-chambre; la seconde étant ensuite sur la même ligne, est un Sallon de compagnie; & la troisiéme, dans laquelle on entre par un passage qui fait face à la seconde croisée de l'anti-chambre, complette cet Appartement, au plat-fonds duquel brillent par-tout un nombre infini de croissans de chiffres d'Henri II & de Diane, d'emblêmes, de devises & d'armoiries semblables à celles de la grande Sale. Si l'on ajoûte à cela un cabinet qui donne dans la chambre à coucher, un oratoire pratiqué dans l'angle de l'avant-corps du Bâtiment avec le corps du Château, & dont nous rendrons compte en parlant des trompes du Château d'Anet, & enfin les gardes-robbes qui sont pratiquées à droite & à gauche de la chambre à coucher, & que d'ailleurs on observe que cet Appartement est beaucoup plus élevé que celui du rez-de-chauffée, on conviendra que de tous les Appartemens du Château d'Anet celui-là est sans contredit le plus majestueux, le plus sain & le plus commode.

Appartement N°s. 7 & 8.

Cet Appartement est double, c'est-à-dire, qu'en supprimant la séparation que S. A. S. Mgr. le Duc de Penthiévre a fait mettre entre les deux portes des deux chambres à coucher, on les fait communiquer enſemble.

La chambre n. 8 étoit l'Appartement de M. le Duc de Vandôme.

APPARTEMENT N°. 9.

Il avoit été décoré par Céſar de Vandôme pour Iſabelle de Vandôme ſa fille, qui épouſa Charles Amédée de Savoye Duc de Nemours. Cette obſervation eſt fondée ſur ce que l'on voit au plat-fonds l'écuſſon des armes de Vandôme en loſange, & qu'il n'y a point eu d'autre Princeſſe de la maiſon de Vandôme.

Le cabinet de cet Appartement eſt la ſeconde des trompes du Château d'Anet.

APPARTEMENT N°. 10.

C'eſt un des moins agréables du Château d'Anet, parce qu'il n'a qu'une croiſée donnant ſur la cour des Cuiſines. Tout ce qui peut y intéreſſer l'obſervateur eſt une élévation du Château peinte sur la cheminée. On y voit clairement que du tems de M. de Vandôme le pont de la principale porte d'entrée étoit de bois. Que la moitié se fermoit avec une bascule comme nous l'avons dit plus haut, que le Bâtiment où sont les Appartemens nos. 2 & 5, ainsi que le cabinet de la Conciergerie n'existoient pas, & qu'à leur place étoient deux grandes portes, dont l'une est à présent la cheminée du cabinet de la Conciergerie, & donnoit dans la cour des Cuisines, & l'autre donnoit sur la terrasse; & qu'à la place des Bâtimens du gouvernement, autres pourtant que celui qui donne sur le fossé, il y avoit de petits Bâtimens bas, que M. le Duc de Vandôme a fait détruire quand il a fait la terrasse, les Bâtimens qui renferment les Appartemens No. 2 & 5, le Pavillon du gouvernement, ainsi que celui qui est entre deux, & qui sert de réservoir

DU CHASTEAU D'ANET. 53
pour l'eau de la gerbe du baſſin de Diane.

Au-deſſus de cette élévation du Château d'Anet eſt une inſcription qui porte:

Scelus eſt noçuiſſe juvanti.

Galerie de la Chapelle.

APPART. N°s. 11, 12, 13 & 14.

L'emplacement de ces Appartemens, & l'eſpace vuide qui ſépare les n°s. 11 & 12 des n°s. 13 & 14, & qui ſert de veſtibule à la tribune de la Chapelle, n'étoit autrefois qu'une grande galerie de cent vingt piés de long dont le plat-fonds étoit, comme il eſt encore, formé par des compartimens de menuiſerie ceintrées.

Madame la Ducheſſe du Maine y fit faire les quatre Appartemens qui y ſont dont trois ont la vûe ſur la cour des Cuiſines, & celui n. 14 ſur la cour du Château.

La hauteur de ces Appartemens permettroit de faire au-deſſus des

E iv

entre-sols qui augmenteroient beaucoup les logemens du Château d'Anet.

Second étage.

APPARTEMENS N°s. 15 & 16.

La principale entrée de ces Appartemens est la même, rien d'ailleurs de remarquable.

APPARTEMENS N°s. 19, 20, 21, 22, 23 & 24.

Ces Appartemens n'ont rien de remarquable, si ce n'est la vûe de l'Appartement n. 21, qui est sans contredit la plus belle du Château.

Nous ne dirons rien du vieux Château, connu sous le nom du Château du Roi de Navarre, nous avons dit dans les notes sur Anet que ce Roi de Navarre étoit Charles le Mauvais.

Nous ne parlerons pas non plus des autres Bâtimens qui forment les offices & les logemens des officiers, ni des augmentations considérables que S. A. S. Monseigneur le Duc de Penthiévre y a faits. Ce détail ne feroit qu'allonger encore cette description qui n'est déjà que trop longue.

Chapelle extérieure dite de Diane.

Outre ce que nous en avons dit dans les notes, nous y ajoûterons ici une courte description.

Le frontispice est composé de quatre pilastres d'ordre corinthien entre lesquels sont, au milieu, la porte d'entrée. A droite dans une niche, la Charité; & à gauche, dans une autre niche, la Foi ayant sous ses piés le Paganisme, soutenant de la main gauche les Tables de la Loi, dans sa main droite est le Livre des Evangiles, & elle embrasse la Croix du même bras. Le tout de pierre & de grandeur naturelle.

Au-dessus de la porte sont deux autres Statues; l'une à droite représente l'Ange de la nouvelle Loi. Le Livre des Evangiles est dans sa main, & à ses piés l'Agneau Paschal.

A gauche est l'Ange de l'ancienne Loi. Sa main gauche est appuyée sur les Tables de la Loi de Moyse, il porte l'épée flamboyante, & à ses piés sont le Serpent & la Mort.

Le couronnement de ce frontispice est formé par un tombeau, au-dessus duquel est l'écusson des armes de Diane de Poitiers pour le Mausolée de laquelle cette Chapelle a été bâtie.

L'intérieur est boisé, dans l'espace que contiennent les stales hauts & bas, destinés pour les Chanoines, Enfans de chœur, & Clerc de Chapelle, qui désservoient cette petite Collégiale avant que le Chapitre eut eu la mal-adresse, *si rare*, de perdre son revenu. Cette Chapelle est sous l'invocation de la Sainte Vierge qui y est représentée en pierre, ayant à ses côtés deux Anges adorateurs de même matiere, & derriere elle est un très-beau bas-relief représentant l'adoration des Mages.

DU CHASTEAU D'ANET. 57

Le Bâtiment est voûté en pierres & briques, & au milieu est le Mausolée de Diane en marbre noir, soutenu par quatre sphynx de marbre blanc. Au-dessus du tombeau est Diane à genoux devant un Prie-Dieu & les mains jointes. Derriere elle deux Génies soutiennent l'écusson de ses armes, le tout en marbre blanc.

Au côté droit de ce Mausolée est cette inscription.

Nota. Nous allons mettre au-dessous des abbréviations les mots qu'elles signifient, en faveur de ceux qui ne sont pas au fait du stile Lapidaire.

D. O. M.
Deo optimo maximo.
Æternæ q. memoriæ
    que
Dianæ Pictonen. Ducis Valentinæ
  Pictonensis
Ludovici Bræsæi, summi apud Normanos Senescalli uxoris, pietat.
        pietate
ac religionis integritate laudabilis, hujus que sacræ ædis conditricis, chariss. matris pietiss. fil. Lodocia
charissimæ pietissima filia

princip. illustriss. Claud. Lotharœni (principis illustrissimi Claudii) *Duc. Aumallœi, Francisca Roberti* Ducis *Markiani strenuiss. Duc. Bullionen.* (strenuissimi Ducis Bullionensis) *conjug. Mæstiss. P. P.* (conjuges Mæstissimæ posuere.)

Au côté gauche du même Mausolée est cette autre inscription.

Hîc tecùm meditans paulisper siste viator.

———

Prole opibusque potens gelido tamen, ecce, Diana marmore proteritur, vermibus esca jacens.
Terra cadaver habet; sed mens tellure relictâ, morte novans vitam, regna beata petit.
Vixit annos LXVI menses III dies XVII obiit an. à Christo na. (anno nato)
MDLXVI, VI Kalend. Maii.

C'est-à-dire, que suivant la maniere de compter des Romains, Diane est morte le 25 avril 1566 après avoir vécu soixante-six ans trois mois & dix-sept jours.

Terrasses & Parterres.

C'est M. le Duc de Vandôme qui a fait faire les Terrasses & Jardins tels qu'on les voit. On y peut remarquer :

1°. Aux deux côtés du principal corps du Château, & dans chacun des angles que forment les pavillons collatéraux, les deux trompes d'Anet, qui font à juste titre l'admiration des connoisseurs par l'exactitude de la coupe des pierres, & la justesse avec laquelle la masse entiere aboutit au principal point d'appui.

2°. Ceux qui sauront qu'avant M. le Duc de Vandôme il n'y avoit au Château d'Anet qu'environ un arpent de Jardin entouré d'une galerie voûtée, & garnie d'une balustrade sculptée à jour, reconnoîtront les vestiges de l'entrée de cette voûte à l'extrêmité des

Bâtimens des Cuisines qui donnent sur la terrasse du côté du canal des Carpes.

Au reste à la place de cet arpent de Jardin qui existoit avant M. le Duc de Vandôme, & qui étoit placé vis-à-vis la porte du Vestibule, il y a actuellement tant en Terrasses qu'en Jardins vingt-un arpens seize perches.

Le Château y compris les fossés en contiennent deux arpens soixante perches.

Parcs & Canaux.

Pour ne pas répéter ce que nous dirons dans les Notes historiques sur Anet nous nous contenterons d'observer.

1°. Que les canaux n'existoient pas avant M. le Duc de Vandôme, que c'est lui qui les a fait reborder de pierres de taille qui ont subsisté jusqu'au tems de Madame la Duchesse du Maine. On peut juger de l'énorme dépense qu'il en a coûté à M. le Duc de Vandôme,

DU CHASTEAU D'ANET.

en réfléchissant qu'il a fallu qu'il fît creuser dix-neuf arpens soixante-cinq perches de terrein que contiennent tous les canaux du Château d'Anet.

2°. Qu'autre-fois le chemin pour aller d'Anet à Sauffay, paffoit vis-à-vis de la Chapelle de Diane. Sa direction étoit de-là à un pont qui portoit le nom de pont Dugril, & qui étoit placé à la tête du canal, fur le bras qui paffe au-delà, & à gauche de l'Ifle d'amour, lequel bras fert à faire mouvoir le moulin d'Anet & s'appelloit la Riviere des Degoutes.

3°. Que l'ancien Parc deffiné par M. Lenotre Décorateur des Jardins de Louis XIV, contient en bois & allées quatre-vingt-fept arpens dix-neuf perches, & le nouveau Parc deffiné par le même cinquante arpens. Que ces deux Parcs font féparés l'un de l'autre par la Riviere d'Eure que l'on traverfe fur le pont dit des Cordeliers.

4°. Que c'est à Madame la Duchesse du Maine que l'on doit les petits Bosquets du nouveau Parc, ainsi que l'Isle d'amour, qui commence à la tête du canal, & finit à la Riviere d'Eure. On traverse les canaux au moyen de sept ponts dont un est fermé par une belle grille.

Le plus bel effet d'Eau que l'on remarque dans les Jardins d'Anet, est une chûte que forment les deux canaux qui viennent de la Riviere à la pôinte de la Terrasse. Cet endroit est très-agréable par la double nape argentée qui se développe aux yeux du spectateur, par le bruit que produit leur chûte, & par la vûe qui y est plus belle qu'en aucun autre endroit des promenades d'Anet.

Environ cent dix arpens de prairie, divisées en dix piéces, bordent les canaux & les parcs, & servent de cadre à cet agréable tableau.

Le Friche.

C'est une grande pelouse de neuf arpens soixante perches d'étendue circonscrite de barrieres & de fossés, bordée de deux allées d'arbres. C'est la promenade publique. Elle est agréable par rapport à la vûe du coteau d'Oulins.

Le Boulingrin.

M. Lenotre a dessiné aussi ce petit Bois qui ne contient que cinq arpens vingt-cinq perches, que M. de Vandôme a fait planter & entourer d'une muraille.

Le Potager.

Il a aussi été planté par M. de Vandôme. Il contient neuf arpens quatre-vingt-une perches, & c'est certainement un des plus grands, des meilleurs, & des mieux tenus que l'on connoisse.

Les Écuries.

A la suite du Boulingrin on entre dans les cours des Écuries dont le

F

terrein contient un arpent quatre-vingt-quatorze perches. M. le Duc de Vandôme les avoit commencées avant son départ pour la guerre d'Espagne, mais une mort au moins prématurée l'ayant emporté le 10 juin 1712 à l'âge de cinquante-huit ans, Madame la Duchesse de Vandôme sa veuve ne les fit couvrir qu'en tuiles. Elles peuvent contenir cent trente chevaux.

Telles sont à peu près les choses les plus remarquables que l'on puisse observer à Anet. Si l'on est curieux de poursuivre ses observations dans les environs, on trouvera abondamment de quoi se satisfaire. Environ treize mille arpens de bois, percés d'une prodigieuse quantité de routes bien tenues, forment un vaste champ pour la promenade, que l'on peut varier long-tems, tantôt en se bornant aux routes charmantes de la haye d'Anet, tantôt en visitant une magnifique futaye qui fait partie de la forêt de Dreux, un jour en profitant pour faire une agréable partie du beau rendez-vous de chasse du pavillon du quarré, un autre jour de celui des Becquerets, aujourd'hui en reconnoissant les points de vüe de Montreuil & de Motel, demain celui de Sorel; enfin les ruines du Château de la Robertiere, les antiquités de la ville de Dreux, celles de Bû, la place du vieux Château d'Ivry, & la plaine où l'immortel Henri IV a gagné la décisive Bataille d'Ivry, font des endroits intéressans pour celui qui a lu l'Histoire avec fruit.

Nous bornerons ici notre description d'Anet, & nous allons y ajoûter les Notes chronologiques que nous avons pu rassembler, & qui pourront servir entre des mains plus habiles que les nôtres à en composer l'Histoire.

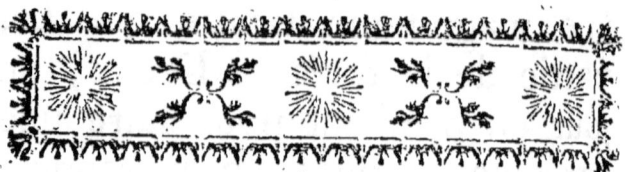

NOTES
CHRONOLOGIQUES,
QUI PEUVENT SERVIR
A L'HISTOIRE D'ANET.

ANCIENS SEIGNEURS D'ANET
AVANT LES ROIS DE FRANCE.

1169.
Simon d'Anet.

PAR une chartre latine, qui se trouve au chartrier du Bec-Heloin, ordre de St. Benoît, en date de 1169, Simon d'Anet, alors Seigneur d'Anet, a donné aux Religieux de cette Abbaye toute la Paroisse de Rouvres située à une lieüe d'Anet. *Totam villam de Rouvres.*

1180.

Le même Simon d'Anet paroît dans une autre chartre latine donnée par Robert Comte de Dreux & de Braine, frere du Roi Louis le jeune, & Agnès Comtesse de Braine son épouse. Cette chartre est la premiere de celle de la ville de Dreux. Simon d'Anet y paroît comme témoin.

Ce Seigneur possédoit vraisemblablement, outre Anet, de très-grands biens dans les environs, & il aimoit beaucoup les Moines. On en juge par les donations considérables qu'il a faites aux Abbayes du Bec-Heloin & du Breuil-Benoît, ainsi qu'au Chapitre de Chartres.

1186.

Simon d'Anet a possédé cette terre au moins jusqu'en 1186, ainsi que le soutenoient Messieurs de Bouillon & d'Aumale, gendres de Diane de Poitiers, contre M. le Procureur-Général qui intenta contr'eux une instance en réunion du domaine d'Anet à la couronne en 1553.

Il exiſte encore à Anet dans la cour d'une maiſon qui appartient aux héritiers de feu M. de la Caille, & qui eſt ſituée près la Chapelle de Diane, attenant la terraſſe du Château d'une part, & le jardin de Mademoiſelle de l'autre, les veſtiges du manoir ſeigneurial de Simon d'Anet. La preuve de cette aſſertion eſt tirée de l'aveu rendu au Roi en 1573.

Philippe d'Anet.
1209.

Ce Seigneur, vraiſemblablement fils de Simon d'Anet, paroît dans une autre chartre qui ſe trouve auſſi à l'Abbaye du Bec-Heloin datée de 1209, par laquelle Guillaume, Seigneur de la Ronce, donne aux Religieux du Bec quelques biens qu'il poſſédoit dans le territoire de Rouvres, & qui étoient par conſéquent à la convenance de ces Religieux qui poſſédoient déjà la Paroisse en vertu de la donation de Simon d'Anet. Cet acte porte qu'il a été fait *his testibus*, *Philippo de Anetto Domino meo*. Ce qui prouve que Philippe d'Anet Seigneur suzerain de Guillaume de la Ronce, a confirmé la donation faite par son vassal à l'Abbaye du Bec-Heloin.

Louis & Antoine de Trenite.

Messieurs de Bouillon & d'Aumale dans le même procès contre M. le Procureur-Général, parlent aussi d'un Louis & Antoine de Trenite comme ayant succédé à Simon d'Anet. On ignore combien de tems ceux-ci ont possédé Anet, ce qu'il y a de certain c'est qu'ils n'ont pu l'avoir qu'après Philippe d'Anet, c'est-à-dire après l'an 1209, & que leur possession n'a pu s'étendre au-delà de 1318, époque à laquelle M. le Procureur-Général soutenoit qu'Anet avoit été donné par Philippe le Long, fils de Philippe le Bel, avec les terres de

Breval, Montchauvet & Nogent-le-Roi, en supplément de partage, & pour trois mille livres tournois de rente, à Louis Comte d'Evreux son oncle, fils de Louis le Hardi & frere de Philippe le Bel.

Ainsi, la possession de Louis & Antoine de Trentte ne va tout au plus qu'à l'époque de 1318.

Le Roi.

1318.

Les quatre Châtellenies d'Anet, Breval, Montchauvet & Nogent-le-Roi, étoient donc en 1318 dans la main du Roi, puisqu'il les donna à Louis Comte d'Evreux.

1340.

Les Comtes d'Evreux.

Charles dit le Mauvais, Comte d'Evreux & Roi de Navarre possédoit Anet, & les trois autres Châtellenies en 1340, ce qui se prouve par une Sentence de ladite année rendue entre le Roi de Navarre Seigneur d'Anet, & les Moines du Bec-Heloin, au sujet de la récla-

CHRONOLOGIQUES. 71

réclamation que ce Roi faisoit, comme Seigneur d'Anet, de Cignes trouvés à Rouvres, sur l'étang des Moines, & qu'il prétendoit lui appartenir à titre d'épave.

1378.
Le Roi Charles V.

Charles V fit démolir en cette année les forts d'Anet, de Breval, de Nogent-le-Roi & de Montchauvet, & confisqua ces quatre Châtellenies sur le Roi de Navarre, accusé de l'avoir empoisonné.

Charles VI.

Le 26 août 1389, le Roi Charles VI donna des lettres-patentes adressées aux Baillis de Mantes & de Nogent-le-Roi, à l'effet de contraindre les tenanciers de ces terres à donner des aveux au Roi.

1444.
Pierre de Brezé.

Charles VII en reconnoissance des services que ce Seigneur lui avoit rendus, en chassant les Anglois de Normandie, inféoda en sa

G

faveur les Châtellenies d'Anet, Breval, Montchauvet & Nogent-le-Roi. La redevance est d'une haquenée blanche ou cent livres parisis, payable au premier mai de chacune année, pour par ledit de Brezé les avoir & tenir à perpétuel héritage, ses hoirs, successeurs & ayans cause au tems à venir, & en ordonner à leur plaisir & volonté comme de leur propre chose, sans que ledit Seigneur Roi ou ses successeurs Rois de France puissent désormais y mettre aucun trouble ni empêchement; & dans le cas où ledit de Brezé ou ses ayans cause ne payeroient pas ladite redevance audit jour, ils seroient tenus de payer 40 sols en sus à Sa Majesté.

Ces lettres d'inféodation sont données à Nancy en 1444.

Lues & publiées le 18 janvier 1445.

Registrées au Parlement le 7 février suivant, & à la Chambre des Comptes le 26 mars de la même année.

Le Parlement mit à son enregistrement deux modifications.

1°. Que l'inféodation n'auroit lieu que pour Pierre de Brezé & ses enfans en légitime mariage.

2°. Que ces quatre terres qui avoient fait jusqu'alors partie du Duché de Normandie releveroient à l'avenir du Duché de Chartres.

Le 26 octobre 1461 Louis XI donna des lettres-patentes portant délai & surséance en faveur de Pierre de Brezé, de lui faire la foi & hommage de ces quatre Châtellenies.

1465.
Jacques de Brezé.

Pierre de Brezé fut tué le 16 juillet 1465 à la Bataille de Montlhery. Il laissa de son mariage avec Jeanne Crespin entr'autres enfans Jacques de Brezé, son successeur dans sa chage de Grand-Sénéchal de Normandie, & dans la possession des quatre Châtellenies.

Ces terres étoient trop voisines

du théâtre de la guerre pour n'être pas exposées fréquemment aux incursions des Anglois, & un des articles de la tréve conclue entre la France & l'Angleterre le 15 décembre 1446 fut, qu'en tant que touchoit les terres & Seigneuries d'Anet, Breval & Montchauvet, & que chacune des parties dit & maintient être de son obéissance, appointé est qu'elles demeureront en surséance, sans rien y être innové, pris ni exigé aucune chose de part & d'autre, jusqu'au premier avril prochain 1447.

Charles VII ayant repris Chartres, & chassé les Anglois de ses États en 1449, ces terres revinrent décisivement à la France.

Pierre de Brezé après avoir perdu pour un tems les bonnes graces de Charles VII qui l'avoit dépouillé généralement de ses charges & emplois, les avoir regagnées, & avoit été rétabli dans ses charges & gouvernemens par lettres-patentes du 12 novembre 1449. Il avoit profité du retour de sa faveur pour faire convertir la redevance d'une haquenée blanche ou cent livres parisis, à laquelle étoit fixé le rachat des quatre Châtellenies par l'acte d'inféodation, en une autre redevance qui ne consistoit qu'en un épervier bien réclamé. Cette conversion avoit été faite par lettres-patentes du 18 mai 1462, regiſtrées au Parlement & à la Chambre des Comptes; c'eſt pourquoi Jacques de Brezé ne préſenta qu'un épervier bien réclamé lors de la foi & hommage qu'il rendit au Roi Louis XI des quatre Châtellenies. Cette foi & hommage fut reçue par lettres-patentes données à Rouen.

Jacques de Brezé avoit épouſé Charlotte de France, sœur naturelle de Louis XI, & fille de Charles VII & d'Agnès de Sorel. Cette Princeſſe donna apparemment des ſujets d'inquiétude relativement à

G iij

sa conduite à son mari, qui dans un accès de jalousie la tua la nuit du Samedi au Dimanche 14 juin 1476, dans une maison du village de Rouvres, où est actuellement la ferme de la couronne. C'est Naudé auteur des Additions à l'Histoire de Louis XI qui nous apprend cette anecdote.

Le procès fut fait à Jacques de Brezé par ordre du Roi, & il fut condamné à mort, ainsi qu'il est prouvé par un arrêt du Conseil du 22 septembre 1481, par lequel la peine de mort est convertie en une amende de cent mille écus d'or envers le Roi, jusqu'au payement de laquelle ledit de Brezé tiendra prison.

Jacques de Brezé voyant que ses terres étoient grévées d'une infinité d'hipotéques, qu'elles étoient chargées de la légitime de sa sœur, & qu'il étoit d'ailleurs dans l'impossibilité de payer l'amende de cent mille écus d'or autrement qu'en

CHRONOLOGIQUES. 77

les vendant, il les offrit au Roi, qui les accepta, & le contrat fut passé à Tours le 8 octobre 1481. Il y fut stipulé une faculté de remeré pendant un an.

Louis XI ratifia cette vente par Lettres-patentes du 14 août 1483, & en même-tems fit donation desdites terres à Louis de Brezé fils de Jacques.

On voit assez que cette conduite de la Cour ne prouve pas qu'elle fut bien persuadée de l'innocence de Charlotte de France.

1491.
Louis de Brezé.

Celui-ci fit la foi & hommage des quatre Châtellenies, & elle fut reçue par Lettres-patentes de Charles VIII le 6 mai 1491.

Louis de Brezé, veuf de Cathérine de Dreux, fille de Jean de Dreux Seigneur de Beaussard en Thimerais, dont il n'avoit point d'Enfans, épousa en secondes

G iv

nôces la célébre Diane de Poitiers fille de Jean de Poitiers, Seigneur de St. Vallier, & de Jeanne de Baſtarnay.

Celui-ci fut pris à Lyon, pour avoir trempé dans la conſpiration du Connétable de Bourbon contre François premier. Son procès lui fut fait, & il auroit perdu la tête ſi Diane ſa fille, qui étoit d'une rare beauté, n'eut obtenu ſa grace. Il eut tant de peur de mourir que ſes cheveux blanchirent en une nuit au point que ſes gardes ne le reconnurent pas, & la revolution lui fut ſi funeſte qu'il en eut une fiévre violente qui l'emporta au bout de quelque tems.

Pluſieurs Auteurs diſent que Diane fit à cette occaſion le ſacrifice de ſa virginité pour ſauver la vie de ſon pere, mais ce n'eſt qu'une erreur de plus dans l'Hiſtoire. Elle avoit épouſé Louis de Brezé dix ans auparavant, puiſque ſon mariage s'étoit faite en 1514,

& que son pere ne fut arrêté & condamné qu'en 1523.

Louis de Brezé mourut en 1531, & fut inhumé dans la Chapelle de MM. d'Amboise, derriere le chœur de la Cathédrale de Rouen, où l'on voit à gauche en entrant le mausolée que Diane sa veuve lui fit éléver.

De son mariage avec Diane de Poitiers nâquirent deux filles Françoise & Louise de Brezé. La premiere épousa Robert de la Mark quatriéme du nom, Duc de Bouillon, & Louise fut mariée à Claude de Lorraine, Duc d'Aumale, oncle d'Henri Duc de Guise. Jean le Veneur, Evêque de Lisieux, fut élu leur curateur & en eut la garde noble.

Ce fut alors que M. le Procureur-Général intenta l'instance de réunion à la couronne des quatre Châtellenies. L'Evêque de Lisieux y défendît pour ses Pupilles, & le 29 juillet 1531 arrêt contradictoire intervint, qui ordonna que par provision les Demoiselles de Brezé jouiroient des fruits & revenus desdites terres s'il arrivoit que la saisie se trouvât fondée, & au principal, que les défendeurs bailleroient leurs defenses dans un mois, qu'un mois après ensuivant le Procureur-Général y répondroit, & que trois mois après les Parties informeroient sur les faits contenus aux moyens d'opposition formés par ledit le Veneur à ladite saisie.

Le 19 juin 1547 Diane de Poitiers obtint du Roi Henri II des Lettres-patentes, données à Anet, (on peut en conclure combien elles furent difficiles à obtenir) par lesquelles il fit donation pour Elle, ses hoirs & ayans cause successeurs, en conséquence de l'arrêt de provision ci-dessus, des fruits & revenus desdites terres, échus & à échoir pendant le procès jusqu'en définitif, s'il étoit dit que ladite saisie fût bonne & valable, & avoir été dûement faite, à quelque somme & valeur que lesdits revenus puissent monter, sans aucune chose excepter. Ces lettres-patentes furent enregistrées à la Chambre des Comptes le 15 juillet 1549.

Enfin le 16 juillet 1553 intervint arrêt définitif, qui fait main-levée aux défendeurs de la saisie en réunion & main-mise desdites terres, & les maintient en la jouissance & possession d'icelles, à la charge de reversion au domaine du Roi, portée par l'arrêt d'enregistrement au Parlement du 7 février 1445, du contrat de cession faite à Pierre de Brezé desdites terres, en cas de ligne éteinte dudit Pierre de Brezé.

Le 4 avril 1554 Henri II donna des Lettres-patentes, adressées à la Chambre des Comptes de Paris, pour faire enregistrer l'arrêt ci-dessus, attendu l'importance de la matiere; & ledit arrêt y fut registré.

Le motif de l'arrêt est juste. Anet & les autres Châtellenies n'avoient pas toujours fait partie du Domaine de la couronne, puisque Anet en particulier avoit été possédé par des Seigneurs particuliers, ce qui a été prouvé.

D'ailleurs dans l'enregistrement de 1445, il étoit dit que l'inféodation auroit lieu pour Pierre de Brezé & ses Enfans en légitime mariage. Donc, tant qu'il existoit des Enfans de la ligne de Brezé en légitime mariage, la réversion à la couronne ne pouvoit avoir lieu. Or, non-seulement il est facile de prouver qu'il existe des descendans de la ligne de Brezé en légitime mariage, mais il n'est pas de François qui ne desire avec ardeur que la branche que nous allons prouver descendre de Pierre de Brezé ne subsiste autant que la Monarchie. Un coup d'œil sur l'extrait que nous allons donner de sa Généalogie suffira pour le prouver.

CHRONOLOGIQUES. 83

de &de font iſſus

Pierre de Brezé..Jeanne Creſpin..Jacques de Brezé.

Jacques de Brezé.Charlotte de France. . . . . . .Louis de Brezé.

Louis de Brezé. . Diane de Poitiers. Louiſe de Brezé.

Louiſe de Brezé..Claude de Lorraine. . . . . . .Charles de Lorraine.

Charles de Lorraine. . . . . .Marie de Lorraine Elbeuf. . . .Anne de Lorraine

Anne de Lorraine.Henri de Savoye Nemours. . . .Charles-Amédée de Savoye.

Charles-Amédée de Savoye. . .Eliſabeth de Vandôme. . . . .Marie J. B. de Savoye Nemours.

Marie J. B. de Savoye Nemours. Charles Emmanuel Duc de Savoye. . . . .Victor-Amédée Duc de Savoye.

Victor-Amédée Duc de Savoye. Anne d'Orléans. . Marie-Adelaïde de Savoye.

Marie-Adelaïde de Savoye. . . .Louis Duc de Bourgogne. . .Louis XV Roi de France.

Louis XV. . . . .Marie-Anne de Pologne. . . . . .Louis Dauphin de France.

Louis Dauphin. .Marie Joſephe de Saxe. . . . . .Louis XVI.

On voit par tout ce qui vient d'être expoſé, combien M. le Procureur-Général étoit mal fondé dans ſa demande en réunion à la couronne, &

combien étoit équitable l'arrêt qui l'en a débouté.

Cette question a été renouvellée depuis, lorsque M. le Duc de Vandôme présenta à M. le Duc d'Orléans frere du Roi, le 10 mai 1683, l'aveu & dénombrement de la terre d'Anet. Cependant la réception s'en fit à la charge de reversion à la couronne, conformément au titre d'inféodation du 18 janvier 1445.

Après le décès de M. de Vandôme M. le Régent prétendît contre Madame la Duchesse de Vandôme sa veuve, que la terre d'Anet étoit reversible au Duché de Chartres, dont il soutenoit qu'elle étoit un démembrement. Nouvelle erreur qu'il étoit aisé de détruire par ce que l'on a vu ci-devant, & par l'enregistrement même du 7 février 1445.

Diane de Poitiers.

Elle continua à jouir des quatre Châtellenies jusqu'à sa mort qui arriva le 25 avril 1566. La faveur dont elle jouissoit la mit à portée de faire beaucoup de changemens au Château d'Anet. Elle détruisit le vieux Château, excepté ce qui reste encore & que l'on apelle le Château du Roi de Navarre, & construisit à la place le Château tel qu'il est. Ce fut Philbert de Lorme, Abbé commandataire de l'Abbaye d'Ivry qui en fut l'architecte, & qui en commença la construction en 1552.

La Chapelle intérieure est un Prieuré simple connu sous le nom de St. Thomas. C'est le Seigneur d'Anet qui y nomme. Ce bénéfice vaut dix livres de rente à prendre sur le domaine de Pacy.

Diane fit aussi bâtir la Paroisse d'Anet, à l'exception du frontispice de la porte d'entrée, qui nous paroît être d'un tems plus reculé. Elle n'eut le tems d'achever que les bas côtés qui sont seuls voûtés en pierres. Le chœur n'avoit pas même été commencé, & à sa mort il fut voûté en bois ainsi que le surplus de la nef.

Elle fit pareillement commencer

la chapelle extérieure, connue sous le nom de chapelle de Diane, qu'elle dédia à la sainte Vierge. Elle fit un fonds de 400 livres de rente qu'elle affecta pour la subsistance de six Chanoines, deux Enfans de chœur & un Clerc de Chapelle, & se réserva la faculté de nommer à ces Prébendes, vacation arrivant, ainsi qu'il paroît par le testament olographe du Duc & de la Duchesse d'Aumale, ses gendre & fille, du premier février 1573, déposé au Notaire de Châteauneuf-en-Thimerais le 5 février audit an, & par une autre mention qui en est pareillement faite dans l'aveu & dénombrement rendus au Roi à cause de son Duché de Chartres le 3 août 1573, ce qui supplée à la représentation du titre que l'on n'a pu recouvrer.

Elle fonda en outre un autre établissement sous le titre d'hôtel-Dieu*

---

*Il y avoit à Anet un Hôtel-Dieu plus ancien. Le titre du Prieuré en subsiste encore aujourd'hui. Les Seigneurs d'Anet nomment à ce bénéfice, dont le revenu consiste en terres & prés. Il avoit aussi des censives dans Anet, qu'un Prieur a cédées au Seigneur d'Anet moyennant une rente.

pour

CHRONOLOGIQUES.　　87

pour nourrir & entretenir douze veuves & six filles, jusqu'à ce que lesdites veuves & filles vinssent à s'établir par mariage ou autrement, pour la subsistance desquelles elle fit un fonds de 300 liv. de rente, & se reserva le droit de choisir celles qu'elle voudroit faire participer à ses bienfaits. Cet établissement est encore constaté par la mention qui en est faite dans le même aveu rendu au Roi en 1573.

Il est vraisemblable que Diane fit ces établissemens depuis 1561 jusqu'à son décès, après lequel son corps resta en dépôt dans le bas côté à droite de l'Eglise paroissiale d'Anet, jusqu'à ce que la Chapelle de Diane fut achevée; après quoi elle y fut inhumée dans un caveau au-dessus duquel ses deux filles lui firent élever le mausolée que l'on y voit.

Louise & Françoise de Brezé.

La premiere avoit épousé en 1547 Claude de Lorraine, Duc

H

d'Aumale, Pair de France & Grand-Veneur. La seconde veuve de Robert de la Mark quatriéme du nom Duc de Bouillon. Elles avoient partagé dès l'année 1561 les quatre Châtellenies & Anet avec Montchauvet étoient échus à Madame la Duchesse d'Aumale. Françoise de Brezé sa sœur Duchesse de Bouillon avoit eu Nogent-le-Roi & Breval. Cet acte de partage avoit été fait devant Jacques Fromont & Alain Écorchevel, Notaires royaux en la Châtellenie d'Ezy, le 7 juin 1561.

Le Duc d'Aumale mourut au mois de février 1573, & sa veuve continua de jouir d'Anet jusqu'en 1576, époque du mariage de Charles de Lorraine leur fils avec Marie de Lorraine fille de René Marquis d'Elbeuf.

La douairiere d'Aumale rendit aveu & dénombrement au Roi, à cause de son Duché de Chartres, de la terre & Seigneurie d'Anet

CHRONOLOGIQUES. 89

le 3 août 1573. Cet aveu a été reçu purement & simplement par Sentence du Baillage de Chartres du 9 décembre suivant.

Le Duc & la Duchesse d'Aumale firent le premier février 1573 un testament olographe, déposé le 5 au Notaire de Châteauneuf, par lequel ils augmenterent de 200 liv. de rente les revenus du nouvel Hôtel-Dieu fondé par Diane de Poitiers, & ordonnerent que l'administration en seroit faite par le Chapelain qu'ils nommeroient audit Hôtel-Dieu, eux & leurs successeurs Seigneurs d'Anet, ou par tels autres qu'eux, leurs successeurs, officiers, & principaux habitans dudit lieu pour ce appellés députeroient, laquelle somme de 200 liv. de rente annuelle serviroit de même à la nourriture de douze veuves & six filles, qui devoient être entretenues dans ledit Hôtel-Dieu, aux termes de la fondation de Diane.

H ij

Ils léguent auſſi à la Chapelle de Diane 200 livres de rente, à la charge, par les Chanoines, de faire & célébrer, à perpétuité, dans ladite Chapelle, quatre annuels ſolemnels au commencement de chacun quart d'an, pour le repos de l'Ame de Diane de Poitiers.

Les établiſſemens de l'Hôtel-Dieu & du petit Chapitre de la Chapelle de Diane, n'ont pas eu lieu pendant long-tems; d'abord à cauſe de la modicité du revenu, & ſecondement parce que les rentes étant de nature à être rembourſées, Harlay de Chanvallon, Marquis de Breval, qui avoit épouſé Cathérine de la Mark, fille de Robert de la Mark, & par conſéquent petite fille de Diane de Poitiers, qui ſe trouva chargé deſdites rentes, voulut s'en libérer, & du conſentement du Chapitre il plaça les capitaux ſur le Seigneur du Breuilpont. Les affaires de celui-ci s'étant fort dérangées, ſes biens furent ſaiſis réellement,

& vendus au Châtelet de Paris. Le Chapitre n'oublia pas de former opposition à l'effet d'être colloqué à l'ordre, mais les créanciers antérieurs en absorberent le prix & au-delà, & le Chapitre perdit ses fonds. Il ne reste plus de toutes les rentes consacrées à ces établissemens, que ce que le Duc & la Duchesse d'Aumale y avoient ajoûté, savoir les 200 livres légués pour l'acquit de la fondation des quatre services annuels, qui se payent sur les charges locales d'Anet, au Prêtre au bénéfice duquel le Seigneur d'Anet nomme, sous le nom de Doyen de la sainte Chapelle, & qui acquitte ladite fondation, & les deux autres cent livres qui sont distribués, par les officiers de la Principauté d'Anet, à treize veuves & cinq filles par chacun an.

Charles de Lorraine.

Du mariage de Claude de Lorraine & de Louise de Brezé, nâquirent six enfans, Charles, Antoine,

Claude, Diane, Marie & Cathérine de Lorraine. Charles de Lorraine, leur fils aîné, leur succéda dans la jouissance de la terre d'Anet qu'ils lui avoient donnée par leur testament dudit jour premier février 1573 avec le Duché d'Aumale. Celui-ci fut Grand-Veneur de France comme son pere. Il nâquit le 15 janvier 1555, & épousa le 16 novembre 1576 Marie de Lorraine, fille de Robert Duc d'Elbeuf, sa cousine germaine.

Il fit ériger la Châtellenie d'Anet en Principauté, par lettres-patentes d'Henri III du mois de février 1583. Mais cette érection ne fut pas revêtue de toutes les formalités nécessaires, à cause de l'opposition que le Duc de Ferrare, alors appanagiste du Duché de Chartres, forma à l'enregistrement desdites lettres.

En 1583 il fit construire au bout du vieux parc d'Anet, à l'endroit où étoit la ferme de la foulerie, dépendante du domaine d'Anet,

CHRONOLOGIQUES. 93
& sur l'un des bras de la Riviere d'Eure nommé le bras de St. Pere, un Couvent de Cordeliers, & par acte passé devant Aumont Notaire à Anet le 12 août 1587, il le dota de mille livres de rente, à prendre sur les revenus de la Baronie d'Ivry qui lui appartenoit alors, à la charge d'acquitter les Services & Prieres y mentionnées, & se réservant la nomination du Gardiennat dudit Couvent, toutes les fois qu'il en seroit besoin, en se conformant aux constitutions de l'ordre. Cette somme de mille livres se paye annuellement à présent sur le domaine du Duché d'Aumale.

Marie de Lorraine seconde fille de Claude de Lorraine, & de Louise de Brezé, & sœur du fondateur de ce Couvent, étant décédée, son cœur fut déposé dans l'Eglise des Cordeliers d'Anet, placé à main gauche en entrant par le cloître des Religieux.

Charles de Lorraine Duc d'Aumaule, ayant emprunté beaucoup d'argent à rente de Marie de Luxembourg douairiere de Philippe Emmanuel de Lorraine Duc de Mercœur, & cette Dame s'étant fait d'ailleurs subroger aux droits & créances des sieurs Hennequin de Bouville, le Febvre & autres créanciers du Duc d'Aumale, reprit en son nom la poursuite de la saisie réelle que lesdits créanciers avoient fait faire sur lui de la terre d'Anet, en conséquence d'un arrêt du 23 août 1614, & par autre arrêt du Parlement de Paris du 10 février 1615, s'en rendit adjudicataire moyennant 400000 liv. de sorte que la maison de Brezé a possédé Anet pendant cent soixante-onze ans, savoir, depuis 1444 époque de la donation qu'en fit le Roi à Pierre de Brezé, jusqu'en 1615, époque de l'acquisition de Madame la Duchesse de Mercœur.

Madame de Mercœur.
Madame la Duchesse de Mercœur prit

prit possession de la Principauté d'Anet & dépendances, par un fondé de procuration, par acte passé devant Chambord, Notaire à Anet, le 16 février 1615.

Elle donna aux Cordeliers d'Anet cent livres de rente perpétuelle, payables aux quatre termes, sur les revenus de la Principauté d'Anet, à la charge par eux, de dire tous les jours de l'année une Messe basse à la Chapelle du Château, lorsqu'elle ou ses successeurs Seigneurs d'Anet y résideroient, & dans le tems où elle & sesdits successeurs seroient absens, tous les Dimanches & Fêtes de l'année.

La Duchesse de Mercœur ayant marié Françoise de Lorraine sa fille unique & dudit défunt Philippe Emmanuel de Lorraine, à César de Vandôme, fils naturel d'Henri IV, & de Gabriël d'Estrées, né à Coucy-le-Château en 1594, Mademoiselle de Mercœur lui apporta par son mariage, qui fut célébré à Fontainebleau au mois de juillet 1609, la terre d'Anet & les Baronnies d'Ivry & Garennes.

César de Vandôme.
M. le Duc & Madame la Duchesse de Vandôme ont possédé la terre d'Anet pendant soixante ans, étant morts, savoir Madame la Duchesse de Vandôme le 8 septembre 1667, & M. le Duc de Vandôme le 22 octobre suivant.

De leur mariage nâquirent deux enfans, Louis de Vandôme, & M. le Duc de Beaufort, qui fut Amiral de France, & périt au siége de Candie.

Louis de Vandôme épousa en 1651 Laure de Mancini niéce du Cardinal de Mazarin, dont il eut deux enfans, Louis-Joseph & Philippe de Vandôme, après la mort de Madame la Duchesse de Vandôme, il embrassa l'état ecclésiastique & fut fait Cardinal. Il mourut en 1669.

CHRONOLOGIQUES. 97
Louis-Joseph de Vandôme.

Ce Prince a joui d'Anet pendant quarante-trois ans, c'est-à-dire depuis 1669 jusqu'au 10 juin 1712 qu'il est mort à Vinaros dans la province d'Espagne qui porte le nom de Royaume de Valence.

Dans notre description du Château d'Anet, nous avons à mesure que l'occasion s'en est présentée, détaillé les différentes augmentations, changemens & embellissemens que ce Prince a faits au Château d'Anet. C'est pourquoi nous ne reviendrons pas sur cette matiere.

M. de Vandôme acheta à titre d'engagement le Comté de Dreux par contrat du 26 septembre 1707, moyennant 200000 liv. de finance principale & 16000 pour le rachat des charges locales, & la Châtellenie de Sorel par contrat du 13 octobre 1708.

Il épousa le 15 mai 1710 Mademoiselle d'Enghin, Marie-Anne

G ij

de Bourbon Condé, fille de Henri-Jules de Bourbon Prince de Condé, & d'Anne Palatine de Baviere, née le 24 février 1678, & par le contrat de mariage il lui fait donation entre-vifs de la Principauté d'Anet & de tous ses autres biens. Peu de jours après son mariage il partit pour l'Espagne où il mourut.

Madame la Duchesse de Vandôme.

M. le Duc de Vandôme étant mort sans enfans, Madame de Vandôme sa veuve jouit de l'effet de sa donation jusqu'à son décès qui arriva au mois d'avril 1718.

Madame la Princesse de Condé.

Après la mort de Madame de Vandôme, tous les biens qu'elle tenoit de la donation de son mari, étant des acquêts en sa personne, passerent à Madame la Princesse sa mere, qui les posséda jusqu'à sa mort arrivée le 23 février 1723.

Indivis.

Tous les biens de la succession de cette Princesse resterent indivis entre ses enfans & petits enfans, tant de la ligne de Condé, que de celle de Conty, jusqu'au mois de décembre 1732 que le partage fut fait. La Principauté d'Anet échût à Dame Anne-Louise-Benedicte de Bourbon Duchesse du Maine, sœur de Madame de Vandôme, ensemble les engagemens du Comté de Dreux & la Châtellenie de Sorel, & les Baronies d'Ivry & Garennes, aux Princes & Princesses de Conty.

Madame la Duchesse du Maine.

M. le Duc & Madame la Duchesse du Maine ont joui conjointement d'Anet jusqu'au 14 mai 1736, que M. le Duc du Maine est mort à Sceaux, & Madame la Duchesse du Maine seule jusqu'au 23 février 1753 qu'elle est décédée à Paris. Elle avoit perdu le 19 août 1743 Louise-Françoise de Bourbon sa fille, morte âgée de trente-cinq ans trois mois & quinze jours. Elle est inhumée dans le chœur de l'Eglife paroiffiale d'Anet.

Pendant la jouiffance de M. le Duc du Maine, il fit, le 22 août 1734, l'acquifition du Comté de Beu, qui eft un démembrement de celui de Dreux, partagé entre les enfans de Robert Comte de Dreux cinquiéme fils de Louis le Gros.

M. le Prince de Dombes.

Après la mort de Madame la Duchesse du Maine, M. le Prince de Dombes lui fuccéda. Ce Prince jouiffoit déjà de la terre de Beu depuis le décès de M. le Duc du Maine. Il avoit fait bâtir en 1745 le rendez-vous de chaffe connu fous le nom de Château des Bequerets.

Madame la Duchesse du Maine fa mere lui avoit fait en 1750 donation de la Principauté d'Anet, du Comté de Dreux, & de la Châtellenie de Sorel, à la charge de payer cinq cens mille livres de dettes exigibles, & de payer à fon acquit trente mille livres de rentes conftituées au principal de fix cens mille livres, & en outre avec retention d'ufufruit; mais M. le Prince de Dombes, n'ayant pas voulu profiter de cette donation, ces biens font entrés dans le partage qui a été fait entre lui & M. le Comte d'Eu fon frere. Anet, Dreux & Sorel font échus à M. le Prince de Dombes, qui en a joui jufqu'à fa mort, arrivée à Fontainebleau le premier octobre 1755. Ce Prince a pendant fa jouiffance réuni à la Principauté d'Anet le fief de la Gâtine à la Demoifelle, qui en relevoit, & dont il fit l'acquifition en 1753, & le fief de l'Ifle à Ezy en 1754.

M. le Comte d'Eu.

M. le Comte d'Eu a fuccédé à M. le Prince de Dombes fon frere, & a joui d'Anet depuis le premier octobre 1755 jufqu'au 13 juillet 1775 jour de fon décès, parce que, quoiqu'il eut vendu au Roi le 14 septembre 1773 Anet & ses autres biens libres, il s'en étoit réservé l'usufruit.

En 1756 M. le Comte d'Eu a réuni à Anet le fief de l'Isle sis à Sauſſay.

Il a fait aussi dans la même année construire le Pavillon du quarré.

Ce Prince par le contrat d'échange qu'il fit avec le Roi Louis XV, le 19 mars 1762, de la Souveraineté de Dombes, reçut en contre échange entr'autres objets les Baronies d'Ivry & Garennes, & la propriété des Comtés de Dreux & de la Châtellenie de Sorel.

Le Roi.

Après son décès le Roi devint propriétaire d'Anet, & des autres biens de M. le Comte d'Eu, non représentatifs de la Souveraineté de Dombes, qu'il avoit achetés de lui l'année précédente moyennant douze millions.

Mais Sa Majesté considérant qu'outre ces douze millions il devoit encore, soit en particulier, soit comme résultant de la soulte de l'échange & des arrérages d'icelle, des sommes très-considérables à M. le Duc de Penthiévre, héritier de M. le Comte d'Eu, & appellé à la substitution de la Souveraineté de Dombes, prit le parti de céder à ce Prince le marché qu'il avoit fait avec M. le Comte d'Eu. M. le Duc de Penthiévre accepta la proposition, & le 28 août 1775 le Roi consomma cette vente par contrat passé devant Armand Notaire.

M. le Duc de Penthiévre.

Ce Prince depuis qu'il est propriétaire d'Anet l'a considérablement embelli, comme tous les endroits qui ont eu le bonheur de l'avoir pour maître. Il n'est personne à notre place qui ne fut tenté de placer ici le détail des biens immenses qui coulent de ses généreuses mains dans le sein des Pauvres, & des autres éminentes qualités qui lui concilient le respect & l'amour, mais, en rendant justice à la foiblesse de nos talens, nous laissons à une plume plus éloquente le soin de tracer ce tableau, & nous nous contentons de dire avec la sincérité du cœur d'un bon habitant de la campagne.

Transit benè faciendo.
Deus illum diù servet,
Et in æternum remuneretur.

Permis d'imprimer. A Chartres, le 26 Novembre 1776. FOREAU, Lieut. de Police.

www.ingramcontent.com/pod-product-compliance
Lightning Source LLC
Chambersburg PA
CBHW070533100426
42743CB00010B/2069